AF498209

PROCÈS

DE LA

BIBLE DE LA LIBERTÉ

RECUEILLI A L'AUDIENCE

PAR JULES THOMAS.

Prix : 25 centimes.

PARIS

En vente

AU GRAND DÉPOT, CHEZ PILOUT, RUE DE LA MONNAIE, 22.

1841

Imprimerie Pommeret et Guénot, rue Mignon, 2.

PROCÈS

DE LA

BIBLE DE LA LIBERTÉ.

Audience du 11 mai. — *Présidence de* M. GRANDET.

Dès neuf heures les abords de la Cour d'assises sont encombrés. Bien que l'affaire Darmès ait absorbé l'attention publique et que les curieux se soient donné rendez-vous à la Cour des pairs, une affluence considérable se presse dans l'auditoire.

On se rappelle qu'au milieu de février dernier parut un ouvrage intitulé *La Bible de la Liberté.* Ce livre ayant pour auteur M. l'abbé Constant et pour éditeur M. Aug. Le Gallois fut saisi à la requête du procureur du roi ; les deux prévenus furent renvoyés devant la Cour d'assises pour attaque à la propriété et à la morale publique et religieuse.

Antérieurement, M. Le Gallois, éditeur, avait publié l'*Évangile du Peuple*, par M. Alphonse Esquiros. L'auteur fut condamné à huit mois de prison, 500 f. d'amende et aux frais du procès ; l'éditeur fut acquitté.

A dix heures et demie l'audience est ouverte.

M. l'abbé Constant n'a pas de défenseur.

M⁰ Pouget, qui a si puissemment contribué à l'acquittement de son client dans l'affaire de l'*Évangile du Peuple*, assiste de nouveau l'éditeur Le Gallois. M. l'avocat-général Partarrieu-Lafosse occupe le siége du ministère public.

M. le président. Premier prévenu, comment vous nommez-vous ?
— *R.* Alphonse-Louis Constant.

D. Votre état ? — *R.* Diacre du diocèse de Paris.

D. Votre âge ? — *R.* Trente-et-un ans.

M. le président. Second prévenu, comment vous appelez-vous ?
— *R.* Auguste-Pierre Le Gallois.

— 4 —

D. Votre état? — *R.* Éditeur.

D. Votre âge? — *R.* Vingt-six ans.

Les deux prévenus déclarent accepter la responsabilité de l'ouvrage incriminé : le premier comme auteur, le second comme éditeur.

M. Partarieu-Lafosse, avocat-général :

« Messieurs les jurés, pour tout homme qui a le moindre respect pour les choses saintes, un procès tel que celui qui vous est soumis en ce moment est un de ceux que l'on apporte à l'examen du jury avec la plus profonde douleur. Un ecclésiastique, voué par ses serments au culte de la foi, s'est servi contre elle des armes que la religion avait remises entre ses mains. Élevé à l'ombre du sanctuaire, il a profané le sanctuaire par d'horribles impiétés. Ces divines Écritures qui, méditées par lui dans le recueillement et l'humilité, n'auraient dû lui inspirer que douceur et soumission, ont trouvé en lui un novateur rebelle qui les a indignement travesties. Les noms les plus révérés, les textes les plus sublimes il les a dénaturés de façon à saper toutes les bases de la société : la justice, la propriété, le mariage, la famille. Il a prêché la colère, l'insubordination à tous, au peuple dans l'État, à la famille dans le ménage, et jusqu'à l'enfant dans le collége ou dans le foyer domestique; puis, après avoir déchaîné ainsi toutes les volontés individuelles, il a sanctifié d'avance toutes les fureurs auxquelles elles se laisseraient emporter; il n'a pas reculé devant la réhabilitation des crimes les plus odieux, le vol, le meurtre, le parricide même; et, quand il a fallu donner un nom à cet ensemble d'énormités, il a osé, pour insulter Dieu jusque dans son titre, appeler cette œuvre infernale *la Bible de la Liberté*.

« Dans la date de la publication de son livre il y a, de plus, une preuve du mépris pour la justice que nous devons vous signaler. Au mois de novembre 1840 un livre animé à peu près des mêmes doctrines avait été publié à Paris sous le titre d'*Évangile du Peuple*. Traduit devant le jury l'auteur de ce livre, le nommé Esquiros, fut condamné par vos précédécesseurs, le 30 janvier dernier, comme coupable d'outrages à la morale publique et religieuse et aux bonnes mœurs. Eh bien, c'est quelques jours après, le 13 février, que vit le jour l'ouvrage en ce moment déféré à votre appréciation, ouvrage qui ne présentait pas seulement une analogie frappante par le titre, mais qui renouvelait et aggravait en plusieurs endroits les témérités sacriléges de l'ouvrage déjà condamné. »

M. l'avocat-général donne lecture des passages incriminés :

CAIN ET ABEL.

« La sensation, chez l'homme, se manifeste avant la pensée ; il est initié à l'intelligence par amour, et par l'intelligence il aime davantage.

« Il y a dans l'homme un ange semé pour ainsi dire et enseveli dans le corps d'un animal.

« Or, la chair tend à étouffer l'esprit par la force aveugle de son inertie ; et la vie animale craint le réveil de la pensée, qui veut à son tour l'enchaîner et la briser pour s'affranchir de son étreinte.

« Le premier enfant de l'humanité est est un homme sauvage et dur qui cultive la terre.

« Le second est un doux et bel adolescent qui conduit les troupeaux et contemple le ciel.

« Et ils ne peuvent s'accorder ensemble : la chair tue l'esprit ; l'homme de la terre bat l'homme du ciel ; la force brutale prévaut un instant contre l'amour ;

« Afin que, dans un long exil, et par des remords infinis, elle apprenne ce qu'elle a perdu.

« Et à l'homme qui a tué l'esprit une voix crie sans cesse au fond de son cœur désert : *Caïn, qu'as-tu fait de ton frère ?*

« Et il va partout cherchant le repos, et il ne le trouve pas.

« Ce sont les enfants de Caïn qui ont les premiers bâti des villes ceintes de murailles pour voler la terre aux autres hommes et pour se défendre contre la charité, dont ils égorgaient les enfants.

« Ce sont eux qui ont inventé les maîtres et qui ont constitué en société infernale le despotisme et la servitude,

« Afin de dévorer tranquillement la proie humaine qui tombait sous les flèches de Nemrod.

« Et depuis le commencement jusqu'à ce jour les fils de Caïn poursuivent et tuent les enfants d'Abel.

« Mais la vengeance divine poursuit à son tour les assassins et les a marqués sur le front. »

L'AMOUR.

« Cherchez au ciel et sur la terre, et vous ne trouverez rien de plus beau que l'amour, rien de plus doux que ses délices.

« C'est une harmonie qui, de tous les êtres, s'élève vers Dieu, et qui, du sein de Dieu, s'écoule sur tous les êtres comme une inépuisable rosée.

« L'amour ne connaît ni la loi ni la crainte ; il est fils de la liberté.

« Il est créateur comme Dieu, et veut tout donner à ce qu'il aime.

« Les souffrances sont ses délices, et la mort est son triomphe lorsqu'il peut souffrir ou mourir pour la bien-aimée !

« Dieu est tout amour, et tout amour est Dieu ; car toute convoitise de la chair est la sœur de la haine et blasphème le nom d'amour.

« La haine de l'égoïste cherche à détruire pourqu'il existe seul, et son faux amour cherche à absorder pour jouir seul encore.

« Et sa haine vaut mieux que son amour ; car il vaut mieux périr sous les coups d'un méchant que de vivre de la vie d'un méchant.

« La jalousie du véritable amour ne cherche que le bonheur de l'objet aimé.

« Et celui qui aime aspire à donner son bonheur et sa vie : il ne veut de joies que pour les partager. Il sacrifierait même plus que sa vie ; car, pour le bien de ce qu'il aime, il voudrait renoncer même au bonheur d'en être aimé.

« O mon Dieu ! quand je croyais que tu mettais ta gloire dans la vengeance, combien de fois, en m'avouant coupable, n'ai-je pas désiré l'enfer !

« Un homme aimait une femme et devint son époux, mais le cœur de la femme se prit d'amour pour un autre homme ;

« Et le mari de cette femme l'ayant su feignit de l'ignorer ; et se donna secrètement la mort en léguant tout son bien à celle qu'il avait tant aimée.

« C'est qu'il avait aimé cette femme d'un véritable amour ; et cet homme était un enfant de Dieu, quoique le suicide soit par lui-même un crime.

« Un enfant de Satan eût égorgé la femme, et eût dit pour se consoler : Du moins elle ne vivra pas heureuse !

« Tout ce qui peut se tourner en haine est déjà de la haine ; et comme le feu éprouve l'or, les chagrins du cœur éprouvent l'amour.

« J'ai aimé une jeune fille et je me suis perdu pour elle en ce monde, et parce que je ne pouvais lui donner que mon cœur, elle m'a méprisé et m'a délaissé, et son fol amour est devenu comme une porte ouverte à tous les étrangers.

« Et je ne me suis point repenti de l'avoir aimée, car l'amour a sa récompense en lui-même ; et si maintenant elle revenait à moi, je laverais sa robe souillée avec mes larmes et j'essuierais ses yeux avec mes baisers,

« Et je me réjouirais plus de son retour que si elle ne m'avait jamais abandonné, car je l'aime comme Dieu m'a aimé.

« Et quand je la rencontre sur mon passage je me détourne, de peur de la contrister par mes regards et de peur de la voir rougir.

« Et quand je me rappelle les infidélités de ma vie mon cœur est rempli d'espérance et de consolations ; car j'espère que Dieu sera pour moi comme je suis pour la jeune fille.

« Vous tous qui aimez, espérez en lui ; car je vous dis, en vérité, qu'il a choisi son asile dans votre cœur. »

LA LIBERTÉ.

« Si Dieu est notre père, nous ne sommes donc pas ses esclaves et comment serions-nous les esclaves des hommes ?

« L'enfant s'asseoit à la table du père, et c'est le père qui sert ses enfants, comme le Christ a fait au banquet de son sacrifice.

« Le fils est honoré comme le père par les amis de la maison, car c'est le même sang et le même nom, et l'héritage du père appartient au fils.

« C'est pourquoi Dieu a voulu discerner ses enfants des esclaves, et il leur a donné la loi pour épreuve.

« Et la loi n'était pas pour les enfants, car les enfants n'ont d'autre loi que l'amour.

« Les animaux sont au-dessous de l'homme parce qu'ils obéissent à l'homme, et les esclaves se sont faits le bétail de la peur, parce que leur âme s'était attachée à l'herbe qu'ils broutaient, et ils ont voulu digérer leur pâture dans le parc de la servitude.

« Les vices qui rendent l'homme semblable à la brute sont les premiers ennemis de sa liberté.

« Esclave de l'ivrognerie, l'homme sacrifie à ce vil penchant sa femme, ses enfants et son âme, et il en vient à n'avoir plus même pour se conduire l'aveugle instinct de l'animal.

« Esclave de la débauche impure, l'homme outrage les sources sacrées de son existence, noie dans les bouillons d'une luxure bestiale la flamme sacrée de l'amour. Il repousse la divinité qui descendait en lui pour créer, et remplit d'avortons les entrailles de la mort.

« Il est une autre passion qui enchaîne le cœur de l'homme et qui l'étouffe dans l'étreinte redoublée de ses fers : c'est le désir de posséder seul la terre.

« Ce désir effréné est le fils aîné de Satan et le père de l'homicide.

« L'avare maudit la vie de ses frères; et, comme le corbeau, il veut dévorer les cadavres.

« L'ambitieux, plus infernal encore, veut emprisonner les âmes dans son orgueil, comme l'avare enferme l'or dans ses coffres toujours affamés.

« Ils se sont asservis à leur convoitise insensée, et ce maître impitoyable les frappe de sa verge de fer et ne leur laisse aucun repos.

« C'est ainsi que se venge l'amour méprisé; et, au jour de leur mort, leur âme maigre, vide, affamée et nue, grelottera dans la nuit froide où se perdent les ombres maudites.

« Et ils étendront les bras pour y chercher le dieu qu'ils se sont fait, et ils n'embrasseront à jamais que leur squelette pâle et glacé.

« C'est l'intelligence et l'amour qui affranchissent les hommes, car le corps même de l'homme est le premier ennemi qu'il doit dompter.

« Malheur à ceux qui s'abrutissent dans les joies de la chair, parce qu'ils se vautreront dans la servitude et ne songeront plus à se relever !

« Mais vous qui avez vaincu la chair, défendez contre la terre et contre le ciel même la liberté sainte de l'esprit !

« L'esprit ne doit céder qu'à l'esprit, et la foi n'obéit qu'à l'amour.

« C'est pourquoi le Christ, en mourant, a jugé ses bourreaux.

« Et c'est pourquoi Jean Hus, du milieu de son bûcher, a foudroyé l'assemblée des méchants et a fait rougir celui qui tenait alors l'empire de Satan.

« Car les rois de ce monde corrompu sont les enfants du diable, et leur puissance est la puissance de l'enfer, et ils osent régner au nom de Jésus-Christ !

« Et c'est là l'antéchrist qui devait venir, et il est venu, et il doit venir encore, et il est déjà dans le monde.

« Tout le mal vient du côté de l'aquilon; mais les enfants de Dieu n'ont rien à craindre, car le prince de ce monde est jugé.

« La liberté est comme le tonnerre dont les hommes se servent dans leurs combats : plus on la comprime plus elle éclate.

« Or maintenant elle est foulée dans l'humanité tout entière de tout le poids d'un monde corrompu : aussi son explosion va bouleverser l'univers, car la liberté c'est Dieu, et on l'a enchaînée pendant son sommeil. Mais elle va se réveiller, et son courroux sera terrible, et lorsqu'elle s'agitera dans ses chaînes le ciel et la terre seront ébranlés.

« Que les hommes de mauvaise volonté ne nous accusent pas alors, car nous les avons avertis.

« Nous voudrions les empêcher de périr; mais nous ne pouvous arrêter le bras de Dieu.

« Ce n'est pas Élie qui trouble tout sraël; c'est la tyrannie d'Achab.

« Nous n'appelons pas le peuple aux armes et à la vengeance; mais plût à Dieu que les riches ne fussent pas plus que nous séditieux et provocateurs!

« Vous dévorez le peuple vivant, et vous croyez qu'il ne criera pas !

« Couvrez-le de pierres entassées, embastillez-le dans vos tombeaux, et je vous dis, en vérité, que s'il se tait les pierres crieront. »

LES MARTYRS.

« Les martyrs sont des hommes d'intelligence et d'amour, qui protestent, jusqu'à la mort contre la tyrannie brutale des hommes de chair et de sang.

« Ce sont des protestants sublimes qui désobéissent aux hommes pour obéir à Dieu.

« C'est le Christ qui prêche une loi nouvelle et périt comme séditieux et blasphémateur.

« Ce sont les apôtres qui prêchent le Christ ressuscité malgré les princes des prêtres, accusent la synagogue de déicide, insultent les dieux des Césars, et meurent comme les derniers des coupables.

« Ce sont les solitaires du Désert qui protestent par des austérités inouïes contre la mollesse qui nourrit l'égoïsme du monde.

« Plusieurs de ces serviteurs de Dieu ont été des fous selon la sagesse du monde, parce que la sagesse de Dieu, en l'emplissant avec trop de véhémence, avait comme brisé leur raison.

« Tel a été saint François d'Assise, qui se fit mendiant et mit la mendicité sur les autels, afin de la reprocher divinement aux mauvais riches.

« Tels ont été et sont encore tant de martyrs de la charité qui vont respirer avec délices l'air infect des hôpitaux et des prisons, condamnant, par leur vie et par leur mort, la dureté du monde pour les douleurs humaines.

« Ceux-là sont assistés, à leur mort, par des anges de paix.

« Mais l'amour dédaigné a aussi ses anges de colère; et les lois injustes du monde arrachent à la nature et à la justice opprimées ces protestations terribles que le monde appelle des crimes.

« L'homme à qui une société égoïste et meurtrière refuse le pain qui doit le nourrir comme les autres hommes, repoussé dans toutes ses tentatives pour s'asseoir au grand banquet de Dieu, s'indigne dans son cœur, et dit à ceux qui le repoussent : *Vous êtes des assassins !*

« Mais moi j'ai autant que vous le droit de vivre, et si je puis me défendre contre vous je ne veux pas mourir ! Vous m'attaquez par la faim : moi je prendrai une arme moins lâche et moins cruelle, et je sauverai ma vie avec le poignard !... Et il mange un peu de pain taché de sang, qu'on lui fait payer de sa tête.

« Un autre se glisse furtivement dans l'ombre, et, à travers mille dangers, il arrache aux mains avares du riche un peu de cet or qui ouvre et ferme le cœur des hommes comme une clé, et il s'en va et achète en rougissant le pain que la société lui devait, et s'il est découvert on l'attache vivant à une chaîne et il y meurt en travaillant comme un animal de rebut.

« Et cependant sa femme et sa fille restent abandonnées, et pour vivre elles vendent leur chair à la débauche.

« Et vous croyez que Dieu ne fera pas justice de ces abominations!

« Et vous dites que l'enfer sera, après cette vie, le partage de ces malheureux dont une société impie a bu le sang et mangé la chair !

« Et moi, je vous dis qu'ils seront les juges de ce monde et qu'ils le condamneront.

« Et leurs âmes crient vengeance sous l'autel de Dieu ; mais Dieu leur dit d'attendre encore jusqu'à ce que la coupe de sang soit pleine, et pour les consoler, il leur donne à chacun une robe blanche comme l'innocence.

« Car je vous dis, en vérité, que ceux que vous appelez des criminels sont des martyrs du Dieu vivant.

« Leurs actions ont été coupables, il est vrai ; mais c'est vous qui les avez commises par leurs mains, et vous osez les juger! et vous les assassinez, en cérémonie, pour la justice et le bon exemple !

L'ESCLAVAGE.

« Tant que la propriété ne sera pas abolie la servitude n'aura pas disparu de la terre.

« Qu'importe que nous soyons liés avec des chaînes de fer ou avec des chaînes d'or !

« Si la terre n'est pas libre les hommes ne le sont pas , car les hommes ne peuvent poser leurs pieds ailleurs que sur la terre.

« Celui qui vend le pain à ses frères prend en échange leur liberté ; car il tient leur vie entre ses mains.

« Pour vivre l'ouvrier se condamne à une existence plus dure que celle des anciens esclaves, et il souffre tous les caprices d'un maître de peur de manquer à la fois de travail et de pain.

« Pour vivre la jeune fille vend sa chair aux plus vils outrages et s'expose dans la rue aux insultes et aux crachats de ceux qui veulent la payer.

« Pour vivre la jeune femme oublie celui que son cœur aimait, et s'enchaîne à celui qu'elle n'aime pas. Et vous dites qu'il n'y a plus d'esclaves sur la terre!

« Et moi je vous dis que tous les pauvres sont des esclaves, et tous les riches des tyrans, et il y aura des esclaves et des tyrans tant que les voleurs de la terre n'auront pas rendu à Dieu ce qui est à Dieu, et tous ce qui est à tous.

« Et tant que l'or et l'argent régneront ils enchaîneront les hommes parce qu'il ne sont ni intelligence ni amour.

« Et tant que la liberté se vendra on achètera l'esclavage. Celui qui désire les richesses désire la tyrannie, et celui qui désire la tyrannie a le cœur d'un esclave.

« C'est pourquoi, disait le Christ, celui qui ne renonce pas à toute possesion sur la terre ne saurait être mon disciple.

LA FAMILLE.

« La famille est l'image la plus touchante de Dieu sur la terre.

« Le père est l'intelligence, la mère est l'amour, et l'enfant est le fruit de leur fécondité.

« L'enfant obéit à son père et adore sa mère. La mamelle de la femme est le premier livre où il puise la science de l'amour, et c'est d'elle qu'il apprend à connaître son père.

« Mais le père n'est au-dessus de l'enfant que par la sagesse, et il ne doit commander à son fils qu'au nom de la céleste raison.

« Autrement, il dégrade le fils de son amour et lui arrache son cœur de fils pour lui donner un cœur d'esclave; il lui reprend la vie d'homme qu'il lui a donnée et le condamne à végéter dans la servitude de l'animal.

« Alors il n'est plus père, il est bourreau, et sa victime innocente a le droit de lui résister.

« Peuples, vous frisonnez à la vue du parricide, et vous l'envoyez à la mort la tête voilée !

« Otez ce voile noir de devant ce visage pâle, pour que tous les pères le voient et s'interrogent eux-mêmes avec crainte !

« Et si vous croyez qu'il faut des crimes pour épouvanter les coupables, ne punissez pas par un meurtre le plus grand des malheurs.

« Mais arrachez de la tombe le cadavre du père que son fils a pu assassiner, et qu'on le traîne aux Gémonies ! c'est lui qui a tué son fils.

« Exposez en spectacle d'épouvante et d'horreur la mère dont un enfant révolté a pu dechirer le sein;

« Car ce sein monstrueux ne palpita jamais d'amour et n'eut qu'un lait empoisonné.

« Le titre le plus sacré, lorsqu'on en abuse, devient une provocation à la plus terrible vengeance.

« Pères et mères de famille, songez-y et tremblez, si vous oubliez vos devoirs ! en mettant au jour un enfant, vous vous engagez à lui donner la vie : or la vie c'est l'intelligence et l'amour ; la vie, c'est la liberté !

« Et si vous ne l'instruisez pas, si vous ne l'aimez pas, si vous vous en servez comme d'un animal en le courbant sous le bâton, vous êtes parjures à la nature et à l'amour ; vous faites, pour ainsi dire, blasphémer Dieu même, et vous rendez la Providence marâtre à votre enfant ;

« Et lorsque vous lui dites que vous êtes son père et sa mère il a le droit de vous répondre : Vous avez menti!... Et s'il vous frappe, il vous châtie; et s'il vous tue.....

« Mais c'est à lui plutôt de se voiler la face et de mourir en invoquant un monde meilleur et en pleurant d'être né orphelin dans des entrailles sans amour.

« Le parricide est impossible à l'homme. Comment pourrait-on tuer un père ou une mère?

« Le père et la mère se sont tués eux-mêmes du jour où ils sont devenus les ennemis de leur enfant.

« Et l'enfant aurait le droit peut-être de punir les meurtriers de ses parents.

« Mais malheur au siècle qui reçoit de semblables leçons et n'en profite pas; car il mourra stérile ou il périra de la main de ses enfants révoltés.

« C'est pourquoi les enfants de ce siècle s'apprêtent à ensanglanter l'agonie de leur père; car ce siècle a été un impie qui n'a pas aimé ses enfants. »

LA PROPRIÉTÉ.

« Si un riche me demande : Est-ce que la religion de l'esprit que tu prêches absout les brigands et les voleurs ? je lui répondrai : Non, car elle te condamne ; et c'est pourquoi je t'adjure, en son nom, de rendre au pauvre son pain, que toi ou tes pères vous lui avez volé.

« Rien sur la terre n'appartient à tel ou tel homme ; tout appartient à Dieu, c'està-dire à tous. L'esprit d'usurpation est l'esprit du meurtre, et c'est lui qui a été homicide dès le commencement. Quoi ! parce que vous avez entassé des pierres autour d'une campagne vous seul en recueillerez les fruits, tandis que je mourrai de faim au pied de votre muraille ! Mais moi, si je veux amonceler plus de pierres encore auour de votre enceinte et dire : Elle est maintenant à moi ! qui m'en empêchera ?

« L'épée des voleurs et des meurtriers comme vous qui se sont associés pour jouir en paix de leur brigandage.

« Et si, cherchant à me défendre contre eux, je suis le plus faible, c'est moi qu'ils appelleront un brigand et un assassin !

« C'est ainsi que les plus forts se sont partagé la terre ; et les faibles meurent de faim sans asile.

« Mais si les faibles se réunissent et luttent avec courage ils seront forts.

« Le Christ a protesté contre la propriété par la puissance de l'esprit . il n'a pas eu une pierre où reposer sa tête, et il est mort entre deux voleurs ; mais son dernier soupir a bouleversé le monde.

« Les disciples du Christ se sont volontairement dépouillés de tout pour protester contre la propriété, et leur vie austère et mourante était un cri sublime qui demandait justice au ciel.

« Car si, par amour pour Dieu et les hommes, on peut se priver même des nécessités de la vie, comment doivent être jugés ceux qui engraissent leur mollesse du sang de leurs frères ?

« Tous ceux qui ont compris la loi du Christ ont cherché à réaliser sa pensée unique : la communauté.

« Mais tant qu'ils vivent sous les lois du diable, c'est-à-dire de l'usurpation, les chrétiens sont des victimes qui gémissent vers Dieu, et ils n'ont pu former que des communautés de douleurs.

« C'est là que, dans un morne silence, condamnation austère des discours des méchants, ils protestaient par le jeûne contre l'intempérance des riches, et par le célibat contre les prostitutions de l'amour à de vils intérêts.

« Et ils étaient-là dans le Désert, comme de sinistres prophètes qui se retiraient du monde pour ne pas être enveloppés dans sa ruine ; car ils prévoyaient la colère à venir.

« Ils abandonnaient avec un dédain sublime la terre aux voleurs, qui se la partageaient, selon le précepte du Christ : *Si l'on veut te prendre ta robe, abandonne aussi ton manteau.*

« Et les usurpateurs n'ont pas été attendris de tant de résignation et d'un si noble sacrifice ; ils n'ont pas senti tout ce qu'il y avait de dévouement dans une telle abnégation !

« Ils ont ri, et ils ont bu et mangé ; et Dieu s'est retiré d'eux avec dégoût.

« C'est pourquoi, après la protestation par l'amour, doit venir la protestation par la colère.

« Ils n'ont pas écouté les anges de paix, qu'ils tremblent devant les anges exterminateurs !

« Pauvres et affamés, combien êtes-vous, et combien sont-ils ? Votre vie est une mort lente et honteuse ; échangez-là contre une mort prompte et glorieuse, ou contre une victoire qui vous fera vivre. Voilà ce que crie l'esprit exterminateur.

« Et moi, je pleure et je me couvre la tête de cendre, et je crie à Dieu et au peuple : grâce !... et ils me répondent : *Il n'y a plus de grâce*.

« Arrière, honnêtes gens, engraissés de rapines et qui avez fait des vertus à votre image ; arrière, hypocrites, qui partagez avec les voleurs et qui prêchez la résignation à celui qu'on dépouille ; laissez passer la justice de Dieu.

« Car je vous le dis en vérité, quiconque vous tue n'est pas un assassin, c'est un exécuteur de la haute justice.

« Et celui qui vous reprend l'or dont vous êtes gorgés aux dépens du pauvre, n'est pas un voleur, c'est un huissier de Dieu, qui vous contraint par corps à payer vos dettes.

« Puisque vous n'êtes plus des hommmes, nous vous chasserons comme des bêtes féroces, et si vous avez dévoré nos pères, peut être ne dévorez-vous pas nos enfants.

« Voilà ce que le peuple crie avec une voix pareille à celle de l'ouragan ; et moi je couvre mon visage de mon vêtement déchiré, et je frisonne à l'odeur du feu et du sang. »

LE MARIAGE.

« Un seul lien doit retenir ensemble l'homme et la femme ; et ce lien, c'est l'amour de leur enfant.

« Quand la jeune fille éprouve une vague inquiétude, lorsqu'elle s'attendrit à la vue d'un jeune homme, lorsqu'elle pleure dans la solitude de son cœur,

« Le jeune homme regarde la jeune fille et comprend ce qu'elle désire, car il est tourmenté du besoin d'épancher sa vie et son amour ;

« Et, s'ils se rencontrent seuls, leurs lèvres cherchent en vain des paroles, et s'expliquent enfin par un baiser.

« Si ce baiser porte son fruit, l'homme et la femme prendront l'enfant sur leurs bras entrelacés et ne se sépareront plus, et leur amour réuni sur l'enfant grandira avec lui.

« Et si l'amour s'éteignait dans l'un des époux, il serait comme mort pour l'autre, et le délaissé pourrait dire à une autre femme ou à un autre homme : Soyez la mère ou le père pe mon enfant.

« Si, au contraire, le baiser est stérile, si les âmes qui se sont rencontrées dans l'extase d'une caresse ne se comprennent plus,

« Que l'homme cherche ailleurs sa bien-aimée, et que la femme attende un autre époux ;

« Car l'amour seul peut enchaîner l'une à l'autre deux âmes libres, et l'homme qui retient captive la femme qui ne l'aime pas attache une vipère sur son cœur.

« La jalousie de l'homme qui n'est pas aimé est le grincement de dents du tigre qui tient ses ongles sur sa proie.

« Car l'égoïsme usurpateur a cru que la femme est une chose qu'on peut posséder et dont on peut jouir malgré elle.

« La bouche de l'homme qui n'est pas aimé peut imprimer l'outrage sur les lèvres de la femme, mais elle ne touche pas à son cœur.

« La femme est l'épouse de celui qu'elle aime, et le tyran qui les sépare ce que Dieu veut unir, car Dieu c'est l'amour.

« Et lorsque la femme se livre à celui qu'elle n'aime pas elle comment un adultère.

« C'est pourquoi, ô femme qu'une société maudite vend comme un vil bétail, défendez votre pudeur et ne cédez jamais au crime ! Cet homme qui vous a lâchement achetée et qu'on nomme, par dérision, votre mari, cet homme a mérité la mort : voyez si vous voulez donner votre vie pour la sienne.

« Mais vous laisserez-vous violer? vous laisserez-vous cracher au visage? vous laisserez-vous fouler aux pieds comme l'ordure de la rue? finirez-vous vos jours dans l'abrutissement et la honte sans que personne ait pitié de vous?

« Une voix terrible s'élève du fond des cachots et vous crie : Celui qui se laisse vendre et enchaîner est un lâche, lorsqu'il peut se faire tuer !...

« Pourquoi choisissez-vous le bagne de l'infamie pour y vieillir prostituée lorsque vous pourriez monter vierge et glorieuse sur l'échafaud?

« La société des méchants veut vous arrracher le cœur; jetez-lui votre tête sanglante au visage et mourez avec votre amour !

« O femmes! n'écoutez pas cette voix criminelle... — Mais que ferez-vous alors?... Je frémis et je me tais. Hélas ! pourquoi sommes-nous nés dans cette époque de douleur ! »

L'ÉDUCATION.

Dans la société infernale des égoïstes on apprend la servitude aux enfants comme la vie !

« On les réunit dans des bagnes qu'on appelle colléges; et là, séparés des embrassements de leurs mères, ils croupissent dans des habitudes déréglées qui les énervent.

« C'est là le commencement nécessaire de l'éducation des esclaves.

« Là les plus stupides de tous les hommes sont gagés pour fausser leur esprit et éteindre leur cœur; et si leur esprit se révolte contre la sottise du maître, si leur mémoire crache avec dégoût les fadaises qu'on lui ingère, si leur cœur s'indigne contre une discipline abrutissante, on les prive de nourriture, on les enferme dans des cachots froids et fétides, on les prive de tous délassements de corps et d'esprit, et ces pauvres enfants n'osent se révolter; car leur mère elle-même, qui a pu si cruellement les délaisser, ne comprendrait pas leur plainte !

« Ne faut-il pas qu'ils apprennent à ramper, pour parvenir un jour à la tyrannie? et veut-on en faire des hommes vertueux pour qu'ils meurent de faim sur le pavé ou d'ignominie dans les cachots du pouvoir?

« Ce n'est pas la justice qui gouverne le monde, c'est la propriété, et la propriété ne s'acquiert qu'à force d'insensibilité et de bassesses.

« Ainsi, vous faites sagement, parents de ce siècle, en payant des valets pour avilir vos enfants; vous faites bien de les éloigner de vous pour les déshabituer de tout amour saint et honnête.

« Laissez-les se corrompre mutuellement : ce sera autant d'affaiblissement de gagné pour leur race à venir, et elle sera plus facile à dresser pour le servitude.

« Mais laissez-moi du moins vous dire que vous auriez mieux fait de les prendre par le pied, au sortir du sein maternel, et de leur écraser la cervelle contre la mu raille!

« Et vous, enfants, qui, malgré les lâches attentats dont vous êtes chaque jour les victimes, sentez encore battre un jeune cœur d'homme dans votre poitrine gonflée d'indignation et de colère,

Grandissez pour le jour de la vengeance comptez les affronts qu'on vous fait dévorer, et recevez une éducation de haine contre la société des oppresseurs !

« Comprimez en vous-mêmes le feu qu'on veut étouffer jusqu'au jour où il éclatera en flammes qui consumeront vos cachots. L'homme qui insulte un enfant est plus coupable que s'il outrageait un homme; car, à la cruauté d'un bourreau, il joint la bassesse d'un lâche.

« Et si la main de l'enfant est trop délicate encore pour sceller la punition sur le visage d'un infâme, elle serait assez forte peut-être pour trouver des armes.

« Enfants, celui qui est résolu à ne souffrir aucune indignité et qui n'a pas de crainte sevile au cœur, celui-là n'a pas peur des hommes !

« Grandissez par la colère lorsqu'on vous rabaisse par l'outrage.

« Sachez que la société où vous vivez vous étouffe dans une mort lente, et que vous devez vous débattre dans les liens dont elle vous enveloppe si vous voulez conquérir la vie.

« Rugissez comme des jeunes lions, et défendez-vous des ongles et de dents contre ceux qui mutilent la virilité de vos âmes !

« Et aiusi l'éducation des oppresseurs vous sera bonne, car elle vous exercera à leur résister! »

LE PRÊTRE.

« Quel avenir ferons- nous à notre fils? ont dit des parents insensés; il est faible d'esprit et de corps, et son cœur ne donne pas encore signe de vie.

« Nous en ferons un prêtre afin qu'il vive de l'autel.

« Et ils n'ont pas compris que l'autel n'est pas une mangeoire pour les animaux fainéants.

« Un enfant, au contraire, est né d'une famille pauvre, et son esprit et son cœur ont aspiré presqu'en naissant à la science et à l'amour.

« Et l'Église lui a dit : « Viens sur mon sein; il a un lait pur pour ta lèvre et des étreintes pour ton cœur.

« Et le pauvre enfant a renoncé à sa famille pour devenir le père de tous les orphelins. Il a renoncé à des choses qu'il ne connaissait pas encore, et, avant de savoir ce que c'est que d'être homme, il a espéré d'être un ange,

« Car il se sentait déjà enlevé au ciel sur les ailes de la poésie et de l'amour.

« Mais les prêtres ont regardé cet enfant comme un rêveur et comme un fou, ils lui ont dit : « Abjure ta pensée et dévore ton cœur;

« Ne cherche pas Dieu; obéis-nous; ne pense pas, écoute et crois, n'aime pas faire notre métier.

« Et le cœur du jeune homme s'est pris d'un grand ennui et d'un profond désespoir et il a dit : Je me consolerai en faisant du bien aux malheureux ; on ne me défendra pas d'obéir à Jésus-Christ.

« Et il a trouvé une pauvre orpheline rejetée de tous parce qu'elle était malade et sans pain ; et il l'a appelée ma fille.

« Il l'a fait asseoir au banquet de Dieu , et il lui a dit : « Ma fille, je suis pauvre comme vous, mais ce que j'ai, je vous le donne ; mes prières mes larmes et mon cœur. »

« Alors la pauvre enfant a levé les yeux vers son ami et lui a dit : Personne encore ne m'avait parlé comme vous me parlez ; aussi je vous aime comme je n'ai jamais aimé personne.

« Le jeune lévite alors a rembruni son front et a pleuré. Que se passait-il dans son cœur ?

« Depuis ce jour il a repoussé la jeune fille, qui revenait toujours à lui, en lui disant Que vous ai-je fait et pourquoi n'êtes-vous plus mon ami? est-ce que je fais mal de vous aimer ?

« Le jeune homme alors lui tendait une main qu'elle couvrait de larmes, et il paraissait horriblement souffrir,

« Et il est allé trouver un vieillard au cœur sévère et il lui a fait l'aveu de ses souffrances.

« Le vieillard, d'un geste menaçant, l'a banni loin de l'autel.

« Mais, hélas ! le cœur du jeune homme était enchaîné au sanctuaire par un vœu qu'il ne pouvait rompre, et en s'éloignant il a senti sa poitrine se déchirer et son cœur tomber tout sanglant sur le marbre du sanctuaire.

« Ce jeune homme avait une mère vieille et infirme qu'il espérait nourrir des offrandes de l'autel.

« La pauvre femme a vu la douleur de son fils et ne l'a pas affligé davantage par des plaintes, mais elle s'est enfermée dans sa pauvre demeure : on l'a trouvé morte le soir.

« Le jeune homme a été depuis ce jour errant comme Caïn, quoique son cœur fût doux et soumis comme celui d'Abel.

« La jeune fille pour laquelle il s'était perdu a vu sa peine, et s'est retirée avec dédain, et lui ne s'en est pas offensé , car il ne pouvait plus lui faire aucun bien, et il ne l'aimait que pour elle.

« Il est allé par le monde, conversant avec les maudits et consolant les malheureux; car si sur l'océan de fiel dont son cœur était noyé un peu de miel surnageait encore il le recueillait avec soin et le distribuait à ses frères.

« Seul et sans ressource il serait mort de faim en encourageant les pauvres, mais il trouva des samaritains charitables. Les prêtres l'avaient repoussé, un pauvre histrion le nourrit, et fit plus encore , il l'aima.

« Or je vous demande comment seront traités, a jugement de Dieu, le lévite qu'ils ont appelé apostat, les prêtres orgueilleux et le pauvre histrion ?

« Et je vous demande encore, vous tous qui cherchez le bien dans la sincérité de votre cœur, auquel de tous ceux-là voudriez-vous ressembler ?

« Le lévite a eu tort d'aimer après avoir fait vœu d'être ministre de l'autel.

« Un prêtre est donc nécessairement un homme sans amour.

« C'est alors un être plus vil que l'animal, car l'animal a des affections et des sympathies.

« Aussi regardez la plupart des prêtres et jugez.

« Que disent à votre cœur ces hommes gras aux yeux sans regards aux lèvres pincées ou béantes?

« Écoutez-les parler, que vous apprend ce bruit désagréable et monotone :

« Ils prient comme ils dorment, et ils sacrifient comme ils mangent.

« Ce sont des machines à pain, à viande, à vin et à paroles vides de sens.

« Et lorsqu'ils se réjouissent, comme l'huître au soleil, d'être sans pensée et sans amour, on dit qu'ils ont la paix de l'âme.

« Ils ont la paix de la brute, et pour l'homme celle du tombeau est meilleure. C'est pourquoi, au lieu de leur ressembler je préfère mourir.

« Je suis ce lévite apostat dont je viens de conter la douleureuse histoire.

« Et je bénis le Dieu des malheureux de m'avoir donné cette abondante part de son calice.

« Et à tous ceux qui me condamnent je réponds, avec Jésus-Christ : Qui d'entre vous pourra me convaincre du péché?

« Et quand même je serais coupable, que celui d'entre vous qui est sans péché me jette la première pierre!

« Mais je devais ressembler au Maître dont il est écrit qu'il a été compté au nombre des méchans.

« Eh bien, je vous salue, mes frères les proscrits, les parias, les excommuniés et les condamnés!

« Je viens vous présenter les épis déjà blanchissants de la moisson nouvelle, de la moisson que j'ai arrosée de mes larmes.

« Au nom du Christ que les pharisiens ont méprisé, comme moi, pour s'être laissé toucher par une femme pécheresse;

« Qu'ils ont condamnés, comme moi, pour avoir prêché l'amour et la liberté;

« Et qu'ils ont fait mourir entre deux voleurs, comme je mourrai peut-être un jour!

« Je vous convie aux noces que le père de famille prépare à son fils bien aimé.

« Venez à moi, vous tous qui souffrez et qui êtes chargés, et je vous soulagerai.

« Car j'ai souffert tout ce qu'on peut souffrir de plus dur au monde, et j'ai encore dans le cœur des joies ineffables que je veux partager avec vous.

« Ce qu'on souffre pour l'amour augmente l'amour, et ce qui augmente l'amour augmente le bonheur. »

L'ORIGINE DU MAL.

« Celui qui cherche l'origine du mal cherche ce qui n'est pas.

« Le mal est l'appétit du bien; or le bien se désire lui-même : donc, en ce qu'il a d'existence réelle, le mal est un commencement du bien.

« La faim est-elle une souffrance ou le commencement d'un plaisir?

« Dieu seul existe réellement; et Dieu, c'est le bien infini.

« Mais, dans les rêves de notre intelligence imparfaite, nous accusons le travail de Dieu, parce que nous ne comprenons pas la pensée éternelle de l'Ouvrier céleste.

« Nous ressemblons à l'ignorant qui juge le tableau sur la première ébauche, et qui dit, lorsque la tête est faite : Cette figure n'a donc pas de corps?

« Rien de ce qui est arrivé dans le monde, depuis le commencement, n'a été un mal; le bien a germé lentement, et la terre s'est remuée pour faire place aux célestes épis

« Les hommes ont commencé par être presque des animaux : il leur fallait alors des bergers pour les tondre et les mener paître.

« Car sachez que toute puissance qui s'établit sur les hommes représente le règne actuel de Dieu sur ces hommes-là.

« Dieu règne davantage où il est plus compris et plus aimé. Où ne sont pas l'intelligence et l'amour la force brutale doit triompher, et elle est un moyen d'existence.

« Et elle est dieu pour les animaux, parce quelle est ce que Dieu a voulu manifester en eux.

« Ne vous récriez donc jamais sur la dureté des temps et sur l'injustice des dominations, car tous les temps sont bons, et tous les pouvoirs sont justes dans leur temps.

« Quand les peuples grandissent ils brisent naturellement et sans efforts les licières de leur enfance : la souveraineté du peuple n'est pas un droit ; c'est un fait, c'est la souveraineté de Dieu.

« Néron, c'était le peuple romain de son époque, dignement représenté par un homme : aussi le peuple l'adorait.

« Si un troupeau de moutons était tout-à-coup transformé en une troupe d'hommes ou de lions, croyez-vous qu'ils obéiraient encore au chien et au berger ?

« Tant que le peuple obéit, le pouvoir est juste, car les masses n'obéissent qu'à Dieu.

« Que parlez-vous donc de tyrannie, de crimes et de meurtres ! Parlez de guerre, on vous comprendra ; car la guerre existe entre le grain et son enveloppe que le germe tend à briser.

« L'animal tue et dévore : est-il coupable ? non ; il obéit à son instinct.

« Pour vous défendre de l'animal, vous le tuez : êtes-vous coupable ? non ; vous avez le droit de conserver votre vie.

« Pourquoi donc parlons-nous des droits de l'homme ? pourquoi crions-nous vengeance ? pourquoi appellons-nous le peuple aux armes ?

« C'est pour voir si, dans quelques animaux, ne se réveilleront pas des cœurs d'hommes, afin que le travail du développement soit avancé.

« Nous proférons des paroles de colère pour faire peur à des enfants, mais nous ne haïssons personne.

« Le tyran est une bête vorace qui se gonfle de chair saignante ; nous le croyons utile dans son temps, puisque Dieu l'a fait ; et nous lui ferons la chasse sans le haïr ; car on ne hait ni le tigre, ni le lion lorsqu'on cherche à les détruire.

« Tout meurtrier est ou un animal qui dévore un homme, ou un homme qui se délivre d'un animal dévorant.

« Et j'ai vu les animaux voraces, constitués en assemblée, juger et condamner un homme qui avait tué un de leurs pareils : ils appelaient cela la justice. J'en aurais ri si cela ne m'avait pas fait une profonde pitié.

« Mais la société qui souffre de pareilles choses est encore une société où le principe animal domine. Pourquoi s'en irriter ? l'heure n'est pas venue ; il faut travailler et attendre.

« Tout arrive dans son temps, et c'est pourquoi tout est bien. Le progrès modifie l'opinion, et l'opinion est reine du monde.

« Quand nous prêchons la liberté, prétendons-nous qu'on déchaîne les tigres ? non, car nous serions dévorés.

« Et quand nous parlons de fraternité, voulons-nous associer les brebis avec les loups, et les pourceaux avec les petits eufants?

« Non : mais nous voulons d'abord qu'on chasse de la société humaine les loups, les tigres et les pourceaux.

« Ce n'est pas la figure, ce sont les mœurs, c'est l'intelligence et l'amour qui font l'homme.

« Car, pour être moins adroit et moins agile, pour avoir le museau un peu moins long, le crétin vaut-il mieux qu'un singe?

« Avant d'être égaux il faut que tous soient hommes : autrement il nous faudrait redresser les ânes, ou retomber nous-mêmes à quatre pattes.

« Éprouvez l'homme avec la verge et avec l'amour.

« S'il obéit à l'amour, qu'il soit votre frère; s'il n'écoute que la verge, faites-en votre bête de somme.

« Celui qui, au milieu d'un peuple abruti, conspire contre le despotisme, conspire sa patrie et mérite la mort.

« Que cependant celui que l'esprit de liberté tourmente au milieu des esclaves ne l'étouffe pas dans son sein. Qu'il voie s'il consent à être coupable et puni, pour devenir le germe du salut à venir.

« Car sa parole ne mourra point, et elle travaillera au sein des esclaves qui l'auront tué, et elle y produira .dans son temps, des cœurs d'hommes.

« Alors le martyr ressuscitera glorieux et sera proclamé sauveur.

« Ne craignons pas de le répéter : le Christ a été justement puni de mort, selou les lois de son temps; mais sa mort a brisé la justice pour la renouveler et l'agrandir.

« Et c'est pourquoi il disait en mourant : Père, pardonne-leur, car ils ne savent ce qu'ils font.

« Ainsi voyez combien la haine est un sentiment absurde; et ne croyez pas aux méchants.

« Les hommes vertueux sont les premiers épis murs : arracherez-vous, pour cela la moisson encore verte?

« C'est Dieu qui choisit ceux qui mûrissent les premiers, et c'est là le petit nombre des élus.

« Car chaque année a ses épis précoces qui doivent fournir la semence de l'année suivante.

Ce sont les saints et les prophètes de tous les temps; mais le reste de la moisson mûrira et pas un gain ne sera perdu. En quoi donc peut s'enorgneillir celui qui est appelé le premier !

Il a la gloire ce souffrir comme le Christ : n'étant pas de son époque, il n'est pas compris et passe pour un fou et pour un impie.

« Et ceux qui le persécutent ne font pas mal, en un sens, car ils agissent selon leur conscience et la mesure de lumière que Dieu a donnée à leur temps.

« C'est dans ce sentiment qu'il doit mourir en paix, en priant Dieu pour ses bourreaux.

« Conservez donc en vous la confiance de l'amour, et ne croyez qu'au bien : vous conserverez la paix de votre cœur. »

M. l'avocat-général déclare qu'il n'a rien à ajouter à la lecture des passages qu'il vient de faire connaître et qui justifient suffisamment la double prévention imputée aux accusés. Il rappelle aux jurés que M. Le Gallois a déjà figuré comme éditeur dans l'affaire de l'*Évangile du Peuple*, et soutient que la criminalité de l'écrit soumis en ce moment à l'appréciation du jury est telle, si évidente, que toute excuse de bonne foi de sa part est inadmissible et qu'une condamnation doit aussi le frapper. Il termine en ces termes :

« Le livre de l'abbé Constant est un de ceux qui reproduisent les idées de toute une secte et qui a été puisé à la même source empoisonnée. Une école existe, en effet, qui, prenant pour étendard le nom d'un ancien prêtre également puni par vos devanciers, voudrait instituer nous ne savons quelle religion nouvelle dont le premier dogme est le renversement de notre ordre social tout entier, mis en accusation comme radicalement mauvais. L'abolition de toute autorité, l'indépendance la plus absolue, l'insurrection partout et sous toutes les formes, voilà leurs moyens de prédilection. Pontifes de l'orgueil, ils ôtent tout frein à l'homme et le déifient au nom d'une prétendue souveraineté à laquelle ils ne reconnaissent aucune limite. Ne croyez pas que ce soient là des rêves sans danger. Il y a beaucoup d'imaginations que ces apparences religieuses, ces extases mystiques des faux prophètes séduisent et fascinent.

« Quand les passions purement politiques se contentent de soulever les masses, eux ils dressent des autels à la haine, et de ces autels ils bénissent les poignards des insurgés. Ils leur persuadent que Dieu est avec eux; qu'en bouleversant tout ils accomplissent une mission sainte, et que, instruments d'une légitime vengeance, ils peuvent être féroces par amour de l'humanité, et ainsi ces écrivains ont une place spéciale dans les cœurs des démolisseurs, avec lesquels ils font une sainte alliance. Arrêtez-les donc dans cette route par une répression sévère. »

L'abbé Constant s'exprime ainsi :

« Je ne chercherai pas à excuser mon livre, et je n'ai pas besoin d'excuser mon cœur. Enfant du peuple, j'ai souffert avec le peuple, et j'ai osé me faire l'organe de ses plaintes. Si elles ont été trop amères sous ma plume, c'est que j'avais beaucoup souffert et que je souffrais beaucoup encore. Je ne me suis pas dissimulé à moi-même que j'attaquais la société actuelle dans sa forme et dans sa base, mais j'ai cru faire une noble et généreuse action en me dévouant pour mes frères. Le rêve du martyre peut être une folie, mais c'est selon moi une folie si honorable que je n'en rougirai jamais.

« Je hais le meurtre et la violence, je condamne les hommes iniques sous les habits brodés comme sous les haillon; j'ai horreur de tous ceux qui égorgent leurs semblables, mais je trouve l'exploitation homicide, et je la crois aussi injustes que le vol.

« Un amour exalté de l'humanité a été tout mon tort. Si mes expressions peuvent, dans leur énergie hyperbolique, servir de prétexte ou de justification à des crimes, je désavoue avec toute la force dont je suis capable un pareil abus de mes paroles. Du reste, si quelques-unes de mes expressions étaient vraiment répréhensibles en elles-mêmes, je le reconnaîtrais volontiers, mais ailleurs que devant un tribunal. Ici je n'ai autre chose à faire que d'avouer hautement mon ouvrage et d'en subir les conséquences.

« Si le jury m'absout il protestera avec moi contre la forme de la société actuelle. Du reste, je n'ai pas espéré changer vos lois, je n'ai pas voulu les braver, mais j'ai osé aspirer à des lois meilleures. Vous devez me condamner ou renoncer à tout ce j'ai attaqué.

« Messieurs, les juges ont à considérer le délit et l'auteur du délit. Le délit, vous l'apprécierez; mais l'auteur est un homme consciencieux, ami de la paix et de l'humanité, et qui ne doit pas être tout à fait brisé quand même on croirait qu'il s'est trompé dans son dévouement pour ses frères. »

Me Pouget présente la défense de M. Le Gallois :

« Messieurs les jurés, les rigueurs du réquisitoire que vous venez d'entendre me paraissent inspirées par les inquiétudes de M. l'avocat-général.

« Le prévenu principal ne se défend pas, c'est un ennemi facile à vaincre. Aussi tous les efforts sont réservés contre l'éditeur qui résiste. On ne ménage aucun moyen, et, de même qu'on rappellerait le souvenir d'une condamnation s'il en était advenue précédemment, on invoque aussi le bénéfice mérité d'un acquittement. J'espérais plus de générosité en matière de presse.

« M. l'avocat-général essaierait vainement d'étouffer l'intérêt qui s'attache à l'éditeur Le Gallois.

« Mon client est un jeune homme de vingt-six ans qui entre, comme vous le voyez, dans une carrière hérissée d'épines et de réquisitoires; il dévoue son avenir à des travaux qui doivent servir à la science et à l'intelligence..... Il faut aider et non pas décourager les hommes qui suivent une profession utile et laborieuse.

« M. Le Gallois, d'ailleurs, n'est pas, comme on vous l'a dit, un éditeur uniquement adonné aux publications *révolutionnaires*, il édite en ce moment un ouvrage de chirurgie, un livre de morale, un traité de sciences industrielles. L'an dernier divers ouvrages scientifiques ou littéraires ont vu le jour par ses soins. Faut-il donc s'étonner qu'au milieu de cette foule de travaux il s'en soit trouvé deux qui aient blessé des susceptibilités ou excité des récriminations?

« On a reproché vivement à M. Le Gallois d'avoir édité l'*Évangile du Peuple* de M. Esquiros : le jury a reconnu la bonne foi de mon client dans cette publication. Sans doute ces poursuites eussent dû avertir M. Le Gallois d'être plus prudent à l'avenir. Mais on oublie que le procès si cruellement rappelé n'a eu son cours qu'à une époque postérieure au traité fait avec M. l'abbé Constant; c'est là une circonstance que messieurs les jurés voudront bien retenir; il est certain que quand l'*Évangile du Peuple* a été poursuivi *la Bible de la Liberté* était sous presse.

« A cette première considération doit s'en joindre une autre puisée dans un sentiment honorable. Vous savez, messieurs, que le traité de M. Le Gallois avec M. l'abbé Constant avait été cédé à M. Théodore Le Gallois, son frère; les conventions étaient complètes à cet égard; mais quand les saisies sont survenues, c'est le frère aîné qui a voulu conjurer l'orage, et ainsi M. Le Gallois se trouve exposé à une poursuite qu'il eût pu facilement arrêter. Vous ne punirez pas, messieurs, ce dévouement de frère.

« Après ces seules réflexions, ai-je besoin de défendre sérieusement M. Le Gallois? dois-je puiser aussi dans sa position au procès des moyens d'excuse?

« La législation, en matière de presse, a placé sur la même ligne l'auteur d'un ouvrage, l'imprimeur et l'éditeur. Je comprends cette analogie quant aux deux premiers. L'auteur d'un livre est le véritable coupable si ce livre renferme un délit; la composition, les pensées, le but de l'ouvrage, le bien ou le mal, en un mot, est sorti de son cerveau.

« De même l'imprimeur matérialise le délit, le répand, fait en un mot que l'ouvrage qui n'était pas saisissable pendant qu'il demeurait en la possession de l'auteur prend un corps et se répand de main en main. Ainsi il y a vraiment association entre l'auteur et l'imprimeur.

« Mais, quant à l'éditeur, quel est son rôle relativement à l'ouvrage? Nul. Son concours est inaperçu; il a mis en rapport l'auteur et l'imprimeur, rien de plus. Il a avancé des fonds que le public doit lui rendre.

« Mais son immixtion dans ce livre n'apparaît pas aux yeux.

« Aussi tous les criminalistes, et notamment M. Chassan, procureur-général, distinguent avec soin l'auteur et l'imprimeur de l'éditeur. D'après ce jurisconsulte estimé, l'éditeur n'est vraiment responsable que quand il se refuse à faire connaître l'auteur d'un livre poursuivi, ou bien quand il publie un ouvrage sans la volonté et sans mandat exprès de l'auteur. Hors ces deux cas, qui mettent en jeu la responsabilité de l'éditeur, il doit être à l'abri des poursuites.

« La loi du 18 juillet, dit M. Chassan dans son *Traité des délits*
« *et contraventions de la parole, de l'écriture et de la presse*, a remplacé par la dénomination du *gérant* celle d'*éditeur* que la législation précédente attribuait aux signataires responsables des
« journaux, mais cette dénomination d'éditeur est demeurée dans
« la librairie; elle s'applique à ceux qui, eux-mêmes ou moyennant certaines stipulations, soit avec l'auteur, soit avec sa famille, soit avec l'imprimeur, se chargent de publier un ouvrage
« nouveau ou ancien. Lorsque l'auteur de l'ouvrage est inconnu
« ou décéde, ou lorsque le vendeur du manuscrit, qu'il en soit
« l'auteur ou non, n'a entendu faire une publication et a voulu
« rester étranger à ce fait, l'éditeur seul est responsable. Il l'est
« au même titre et en vertu du même principe qui fait condamner le gérant ou le propriétaire du journal, parce que c'est lui
« qui est le publicateur.

« Mais lorsque l'auteur a consenti à mettre son nom à l'ouvrage, ou lorsqu'il l'a vendu à condition qu'il serait imprimé,
« condition qui doit être toujours présumée jusqu'à preuve con-

« traire de la part de l'auteur du manuscrit, dans ces deux cas,
« il est le publicateur aussi bien et plus encore que l'éditeur. Ce
« dernier n'a fait, pour ainsi dire, qu'un acte de spéculation. Le
« contenu de l'ouvrage lui est bien souvent inconnu. Aussi, dans
« ce cas, la responsabilité n'incumbe-t-elle à proprement parler
« qu'à l'auteur, car c'est lui qui est en réalité le publicateur. Ap-
« pliquer ici, dans toute leur étendue, les principes relatifs aux
« gérants des journaux, ce serait transporter dans la législation
« générale de la presse ordinaire les dispositions de la législation
« spéciale qui régit la presse périodique. Une pareille argumenta-
« tion manquerait de juridicité. »

« Ces principes sont vrais : faites-en, messieurs, une sage appli-
cation. Voyez que l'auteur se présente, il accepte les conséquences
de son livre, en assume la garantie, en professe les doctrines et
couvre de sa personne comme d'un égide l'éditeur, étranger au délit.

« Ces maximes d'indulgence auxquelles je vous convie, messieurs, sont d'habitude suivies par messieurs les jurés presque toujours. Ils ont saisit les distinctions que je signale, ne s'occupant
pas des précédents. Que de fois M. Pagnerre avait été poursuivi en
Cour d'assises, lors de son dernier acquittement à l'occasion du
procès de M. de Lamennais?

C'est assez sur le droit, un regard encore sur mon client. C'est
sa bonne foi que je vais mettre en relief.

« M. l'abbé Constant est attaché aux ordres religieux, il a été
diacre de l'une des paroisses de Paris. M. l'abbé Constant présente
à l'éditeur un livre intitulé *la Bible de la Liberté*, ce même ecclésiastique est connu dans le monde, en librairie par un autre ouvrage
intitulé *le Rosier, ou la Guirlande de Marie*. M. Le Gallois a dû être
rassuré par le caractère du prêtre : les précédents de l'écrivain, le
titre de l'ouvrage, il a dû penser que c'était un livre moral et religieux. Qui pourrait blâmer cette pensée de sa part? Aujourd'hui
l'ouvrage est poursuivi, mais M. Le Gallois avait eu la bonne foi
de croire que *la Bible de la Liberté* ne pouvait donner prise à aucune reproche.

« Il ne faut pas, d'ailleurs, messieurs, se méprendre sur l'examen
habituel des éditeurs en matière de publication. Il y a sans doute
en France des éditeurs pleins de mérite; beaucoup d'entre eux cependant s'appliquent surtout à faire une affaire commerciale. On comprend qu'il ne leur est pas donné toujours d'apprécier la portée d'un
livre alors que l'ouvrage est écrit sous des formes imagées et mystiques.

« Réunissez ces considérations; elles doivent vous déterminer
à rapporter un verdict d'acquittement pour M. Le Gallois. Ayez
la main légère, messieurs, pour les éditeurs; ils font mal quelque-
fois comme, tous les hommes; que de services aussi ne rendent-ils
pas aux gens de lettres!

« La position particulière de mon client, les principes que je
vous ai soumis, les considérations actuelles qui ressortent du procès, tous ces moyens réunis doivent garantir la liberté sauve à
M. l'éditeur Le Gallois.

« Je n'ai pas à m'occuper de la défense de M. l'abbé Constant; il est pourtant compagnon d'infortune de mon client, et je dois l'aider de la main s'il m'est permis d'alléger sa position.

« M. l'abbé Constant a publié un livre; je n'approuve ni n'en blâme les doctrines. En émettant ses pensées l'auteur a cru faire une bonne action, c'est l'ouvrage de sa conviction que vous avez à juger. M. l'abbé Constant l'a déclaré lui-même, il a fait sa profession de foi malgré un rude réquisitoire: j'estime en cela M. l'abbé Constant; j'aime les hommes qui, en matière politique ou religieuse, après avoir étudié une opinion, l'avoir mûrie, l'avoir adoptée, la conservent comme un dépôt précieux et ne la modifient pas à la moindre crainte de poursuite ou au moindre changement d'horizon.

« La publication de M. Le Gallois est poursuivie pour ses maximes; il doit porter le venin et la corruption dans les classes pauvres. Permettez: le style du livre est élégant, les pensées sont prises d'en haut, elles sont exprimées en termes qui appartiennent aux vieux textes sacrés, la pensée se cache, le sens est difficile à saisir; ce n'est donc pas un ouvrage écrit pour le peuple, qui a besoin de simplicité, de clarté surtout; le but de l'ouvrage n'est donc pas celui qui est reproché par M. l'avocat-général.

« Le livre sans doute, à le considérer sévèrement, n'est pas exempt d'erreurs, peut-être même l'auteur l'a-t-il déjà compris, car il y a dans ses allures et sa tenue ici l'expression d'un regret vainement dissimulé.

« Ce regret me paraît établi par la tenue digne et modeste de M l'abbé Constant; ce regret me semble exprimé par le soin qu'il a mis à ne pas se défendre, à n'emprunter la voix d'aucun appui, et aussi dans l'abandon qui a présidé au choix de ses juges : le prévenu s'est refusé à toute récusation.

« Les regrets de M. l'abbé Constant enfin me paraissent surtout ressentis si je rappelle que le prévenu aurait pu se présenter à vous sous un costume digne de respect, il pouvait prendre l'habit ecclésiastique : c'eût été fâcheux. M. l'abbé Constant a voulu sauver sa robe de toute souillure.

« Recueillez, messieurs les jurés, mes paroles secourables à M. l'abbé Constant; vous pouvez sans crainte l'acquitter : l'indulgence, c'est une sage maxime dans les causes politiques; la sévérité irrite, aigrit, crée de nouveaux ennemis; la bienveillance calme et ramène les esprits hostiles : une condamnation perdrait à tout jamais l'abbé Constant, un acquittement le sauvera.

Cet éloquent plaidoyer, qui a été écouté dans le plus grand silence et avec une attention soutenue, paraît produire une vive sensation dans l'auditoire.

M. le président. Constant, avez-vous quelque chose à ajouter à votre défense?

M. Constant. J'ai à déclarer à la Cour que je proteste contre ce que monsieur l'avocat vient de dire pour ma défense. Il a voulu insinuer que je me repens d'avoir fait mon livre : non, messieurs, je ne m'en repens pas. Si j'ai quitté ma soutane, c'est que je n' cherche pas à faire du scandale; c'est que j'ai protesté contre les abus du catholicisme, et non contre l'autorité disciplinaire de mes supérieurs. L'archevêque aurait le droit de m'interdire tout insigne du culte, et je ne contesterais pas son autorité. D'ailleurs c'est comme *laïc*, c'est comme simple citoyen que je viens répondre ici devant un tribunal civil. Comme ecclésiastique je ne suis justiciable que de l'Église, et c'est à elle seule que j'ai à répondre de mes opinions religieuses.

M. le président. Le Gallois, avez-vous quelque chose à ajouter pour votre défense ?

M. Le Gallois. Je dois ici me justifier d'une infâme calomnie que l'on a cherché à propager. Des hommes perfides ont voulu me jeter à la face un peu de la boue dont ils sont couverts; ils ont exploité *la Bible de la Liberté* à mon détriment, et, pour détourner les regards de leur honteuse conduite et cacher leur ignoble cupidité, ils m'ont fait passer pour le judas de M. l'abbé Constant..... Non seulement j'ai voulu décharger mon frère de toute responsabilité, mais encore j'ai senti le besoin de me disculper de cette infamie, que je renvoie à ses auteurs, et qu'un sentiment que l'on comprendra m'empêche de nommer.

Mᵉ Pouget. Mon client veut dire qu'on l'a présenté comme agent secret de la police, trahissant l'auteur qui s'était confié à lui : dès-lors il a pensé qu'il était de son honneur de repousser une pareille calomnie en acceptant toute la responsabilité de la publication du livre à ses risques et périls.

M. le président résume les débats avec une remarquable impartialité.

MM. les jurés se retirent pour délibérer.

Pendant leur délibération, une vive discussion s'élève entre les jeunes avocats stagiaires dont la salle est remplie. Les doctrines du livre poursuivi trouvent parmi eux des adversaires très-animés et de très-chauds défenseurs. Les huissiers rappellent les deux partis à l'ordre.

Après dix minutes, MM. les jurés reviennent à l'audience; leur verdict est affirmatif sur toutes les questions.

La Cour, en conséquence, condamne l'abbé Constant à huit mois de prison, M. Le Gallois à trois mois de la même peine, et tous deux à 300 francs d'amende.